AF359719

MISSION EN ESPAGNE

(1890)

LES ARCHIVES DES INDES A SÉVILLE

LES ARCHIVES DU CONSULAT DE CADIZ

(1894)

MISSION EN ESPAGNE

(1890)

LES ARCHIVES DES INDES A SÉVILLE

LES ARCHIVES DU CONSULAT DE CADIZ

(1894)

PAR

M. G. DESDEVISES DU DEZERT

PROFESSEUR D'HISTOIRE À LA FACULTÉ DES LETTRES DE CLERMONT-FERRAND.

(Extrait des *Nouvelles Archives des Missions scientifiques*, t. VI)

PARIS

IMPRIMERIE NATIONALE

M DCCC XCV

MISSION EN ESPAGNE

(1890).

LES ARCHIVES DES INDES A SÉVILLE,

LES ARCHIVES DU CONSULAT DE CADIZ

(1894).

Monsieur le Ministre,

Par arrêté en date du 13 juin 1890, vous avez bien voulu me charger d'une mission en Espagne pour y poursuivre des études relatives à l'histoire intérieure de ce pays avant la guerre de l'Indépendance. J'ai séjourné en Espagne depuis les premiers jours d'août, jusqu'à la fin de décembre 1890, et j'ai parcouru les principales villes du nord de la Péninsule.

I

PAYS BASQUES.

Guipuzcoa. — J'ai visité à Saint-Sébastien la Bibliothèque provinciale, la bibliothèque de la Députation provinciale et les archives de l'Ayuntamiento. J'ai trouvé dans ces divers dépôts les ouvrages classiques sur l'histoire du Guipuzcoa, parmi lesquels je citerai : l'*Historia de la Universidad de Yrun*, de Gainza (Pampelune, in-4°, 1738); le *Guipuzcoano instruido*, de Domingo de Egana (Saint-Sébastien, in-fol. 1780); la *Corografia o descripcion general de Guipuzcoa*, du P. Larramendi (Barcelone, 1882, in-18). Le R. P. Fidel Fita y Colome, de l'Académie de l'histoire, a rendu un véritable service à l'histoire du Guipuzcoa en publiant cette charmante description du pays au xviiie siècle, due à l'un des écrivains les plus érudits et les plus populaires des Vascongades. La Bibliothèque provinciale possède en outre quelques manuscrits intéressants : un mémoire de D. Pedro Tamaron, évêque de Durango

(Mexique), sur l'état de son diocèse à la fin du règne de Charles III; un rapport très étendu de **D. Francisco Leandro de Viana**, fiscal, de l'audience de Manille sur la situation des îles Philippines (1765); une relation de Fr. Antonio de los Reyes sur les missions de la Sonora (1774). J'ai étudié l'organisation des juntes provinciales d'après les procès-verbaux des sessions de 1774 à 1780. Les registres des délibérations de l'Ayuntamiento en 1813 et 1814[1] m'ont fait connaître le régime municipal de Saint-Sébastien. J'ai complété mes renseignements sur l'organisation des villes à Cestona, Tolosa et Renteria. Les archives de la province de Guipuzcoa sont conservées, à Tolosa, dans une vaste pièce attenante à l'église Sainte-Marie. L'inventaire a été dressé par ordre de la Députation et publié à Saint-Sébastien en 1887, sous le titre d'*Indice de los documentos y papeles del Archivo general*. Les documents sont en bon ordre, et le travail est rendu très aisé par l'index. J'ai trouvé partout l'accueil le plus courtois et le plus cordial; je dois surtout remercier le secrétaire de la Députation D. Joaquin Urreizticta et son archiviste D. Carmelo de Echegaray, jeune érudit qui compte déjà parmi les meilleurs historiens du Guipuzcoa[2].

Biscaye. — Poursuivant mes recherches sur le pays basque, j'ai poussé jusqu'à Bilbao où j'ai visité la bibliothèque provinciale, les archives de la ville et de la députation. J'ai pu lire les *Fueros*, de Biscaye, de Durango et des Encartaciones; les *Ordenanzas de Orduña* (Orduña, 1780, in-4°); les *Memorias historicas de Vizcaya*, de Sagarminaga (Bilbao, in-8°, 1880); l'*Escudo de la mas constante fee y lealtad* (édition de Bilbao, 1866), curieux panégyrique des libertés de la province, écrit au xviii° siècle; le *Señorio de Vizcaya*, d'Artiñano (Barcelone, 1885, in-8°); l'*Historia general de Vizcaya*, d'Yturriza (ms.); la *Hacienda de nuestros padres*, de Fernandez Gonzalez (Madrid, 1884, in-12), spirituelle étude des mœurs bourgeoises de l'ancien régime. J'ai consulté les comptes rendus des juntes générales et de la commission administrative de la Seigneurie (*Regimiento general*) pour l'année 1790, les registres de l'Ayun-

---

[1] Les documents antérieurs à 1813 ont disparu dans l'incendie allumé par les Anglais lors de la prise de la ville, le 31 août 1813.

[2] D. Carmelo de Echegaray a été chargé d'une mission à Madrid par la députation de Guipuzcoa, et a fait paraître en 1893 un volume de mélanges intitulé : *Investigaciones historicas referentes a Guipuzcoa* (Saint-Sébastien, in-8°).

tamiento, de Bilbao, pour 1797, et les ordonnances du consulat et de la chambre de commerce de la même ville (Madrid, in-4°, 1775 et 1810).

Les archives de Biscaye sont conservées à Guernica, et confiées à la garde de D. Antonio Lopez de la Calle, un des deux ambassadeurs biscayens qui vinrent, en 1856, apporter au prince impérial le titre de *Bizcaino originario,* comme descendant par sa mère des châtelains d'Arteaga [1]. D. Antonio est un beau vieillard d'une urbanité exquise; il porte le ruban de la Légion d'honneur, dont Napoléon III l'a décoré à l'occasion de son ambassade, et il a conservé de la France le plus magnifique souvenir. Il m'a fait visiter en détail l'enceinte fameuse où se tenaient les juntes générales de la seigneurie de Biscaye; j'ai vu le vieux chêne centenaire (*Guernicaco arbola*) qu'un nouvel arbre déjà fort doit remplacer un jour; j'ai visité la vieille *ermita* de N.-D. de la Antigua où s'assemblaient les juntes au XVIIIe siècle, et la salle des séances construite sous le règne de Ferdinand VII. J'ai trouvé aux archives tous les éléments nécessaires pour établir le budget de la province et pour comprendre le fonctionnement de l'administration et de la justice en Biscaye. D. Juan Delmas, membre correspondant de l'Académie de l'histoire et l'un des érudits les plus distingués de Biscaye a bien voulu me renseigner, en de longues conversations, sur les points les plus curieux de l'histoire provinciale et m'a fait comprendre l'attachement passionné des Biscayens pour leurs Fueros.

Alava. — J'ai retrouvé à Vitoria le même accueil sympathique auprès de D. Federico Baraïbar, professeur de langue grecque à l'Institut provincial. J'ai compulsé aux archives de la ville le registre des délibérations de l'Ayuntamiento pour l'année 1793. On m'a montré le célèbre *Machete vitoriano* sur lequel les magistrats juraient fidélité aux privilèges municipaux. J'ai étudié l'histoire de la province dans l'*Historia civil de Alava,* de Landazuri (Madrid, in-4°, 1780); dans le *Libro de Alava,* de Bengoa (Vitoria, in-8°, 1877), et dans la *Ciudad de Vitoria,* de Cola y Goiti (Vitoria, in-8°, 1883). L'archiviste de la Députation m'a fait présent d'un

---

[1] D. Juan Delmas. *El Castillo de Arteaga y la Emperatriz de los Franceses* (Bilbao, 1890).

exemplaire des procès-verbaux des juntes générales de 1808, 1809, 1812 et 1814.

II

LA NAVARRE.

La Navarre m'était déjà connue; j'avais fait deux voyages à Pampelune en 1881 et 1886, et je savais quelles richesses renferment les archives des Cortès et de la Chambre des comptes, confiées aux soins d'un patriote navarrais qui est aussi un poète éminent, D. Hermilio de Oloriz. Dans mes deux premiers voyages, mes recherches avaient porté sur l'histoire de la Navarre au xve siècle, mon but était cette fois de savoir ce qu'était devenue l'autonomie de la province sous les règnes de Charles III et de Charles IV. Les archives des Cortès possèdent les registres des délibérations de la députation générale et les procès-verbaux des sessions des Cortès.

J'étudiai celles de 1797 et de 1801, les dernières qui se tinrent en Navarre avant la guerre de l'Indépendance.

Grâce à l'obligeance du regretté Dr Paul Landa, je pus examiner la curieuse collection rassemblée à l'ancien hôtel de la Chambre des comptes. Il y a là l'embryon d'un musée des antiquités navarraises déjà intéressant. On montre dans la cour un cachot fermé par une porte de fer très ancienne, un balancier monétaire, l'armature en fer du puits qui existe encore à Pampelune, en face de l'église Saint-Sernin, et où, d'après la tradition, l'apôtre de la Navarre baptisa les premiers chrétiens. Dans la grande salle du premier étage on voit douze tableaux religieux d'une exécution passable, mais d'une très grande naïveté : l'un d'eux représente Adam et Ève dans leur ménage; Ève apporte la soupière sur la table, et Abel donne l'aumône à un mendiant qui a une jambe de bois. Je pus admirer à loisir la belle publication officielle intitulée : *Monumentos arquitectonicos de España*, et feuilleter l'énorme atlas in-folio dont les planches représentent les plus beaux spécimens de l'architecture espagnole. Parmi les livres rangés dans les armoires qui garnissent le fond de la pièce, je trouvai quelques manuscrits provenant des couvents de Navarre, une copie du *Becerro*, de Leyre; le *Libro de difuntos*, du couvent de la Merci de Pampelune (1771-1831); le *Libro de instrumentos*, du couvent du Saint-Crucifix de l'ordre de Saint-Jean en la ville de Puente-la-

Reyna (1625-1730); le *Catalogo de Abades*, du monastère royal
de N. D. de la Oliva (1817), sorte de chronique de l'abbaye, avec
de très curieux détails sur l'émigration française à l'époque de la
Révolution. Ces manuscrits sont d'autant plus précieux que les
archives ecclésiastiques sont à peu près inabordables en Espagne
et qu'il est fort difficile de trouver des renseignements sur la vie
monastique au xviii° siècle. Un autre manuscrit, intitulé : *Folleto del
maestro de ceremonias de Hirache* (1797), nous initie à la vie d'une
petite université espagnole dans les premières années du règne de
Charles IV et nous montre combien les réformes avaient de la
peine à pénétrer dans ces petites écoles où un revenant du xv° siècle
se fût trouvé chez lui.

Un avocat à l'audience de Pampelune, D. Eusebio Rodriguez
Undiano, m'ouvrit la bibliothèque de l'ordre où je trouvai tous
les ouvrages généraux sur les institutions forales : le *Fuero general*,
de Navarre (édition Harregui et La Puerta; Pampelune, in-4°, 1869);
la *Novisima Recopilacion de las leyes de Navarra;* l'*Ensayo*, de Zuaz-
navar (Saint-Sébastien, 1827, 3 vol. in-8°); le *Diccionario de
Fueros y leyes*, de Yanguas (Saint-Sébastien, in-8°, 1828); l'*Historia de la legislacion*, de Marichalar et Manrique (Madrid, in-8°,
1868); l'*Oasis*, de Mañe y Flaquer (Barcelone, 1878, 3 vol. in-fol.);
la *Defensa historica del señorio de Vizcaya y provincias de Alava y
Guipuzcoa*, de Salcedo (Bilbao, 1851, 4 vol. in-8°). La bibliothèque
des avocats renferme encore les *Quadernos de leyes y agravios*, relatifs aux Cortès des années 1794, 1796 et 1797, qui complé-
tèrent les renseignements déjà pris sur les Cortès aux archives de
Navarre.

J'avais le plus vif désir de pénétrer aux archives du chapitre de
la cathédrale; mon ami D. Alberto Huarte voulut bien me mettre en
relations avec D. Francisco Polit, archiviste du chapitre, qui finit
par obtenir du doyen l'autorisation de m'admettre aux archives. Elles
occupent une pièce de dimensions médiocres, en face de la grande
salle de la *Preciosa* où se tenaient jadis les Cortès de Navarre. Les
pièces (xii°-xviii° siècles) sont rangées dans cinquante-neuf caisses
de forme allongée, munies d'un couvercle fermant au cadenas. Ces
caisses d'aspect funéraire sont peintes en noir avec ornements et inscriptions en blanc. Elles portent des inscriptions dans ce genre :
Episcopi, pièces relatives à l'évêque; *contra episcopum*, procès avec
l'évêque; *canonicorum, redituum, extraneorum*. Un index de 900 pages

rédigé au xviii° siècle, permet de se faire une idée de l'importance
du dépôt. Je n'avais que peu de choses à glaner pour la période
qui m'occupait, mais je crus un moment qu'il me serait impossible
de rien faire. Le doyen du chapitre m'avait bien autorisé à voir les
archives, mais non pas à y travailler; sans l'extrême obligeance de
D. Francisco, j'aurais dû me retirer après avoir jeté un coup d'œil
sur les boîtes noires qui garnissent la salle. Il voulut bien me
confier l'*Indice*, me chercher les quelques pièces qui pouvaient
m'intéresser et me laisser prendre des notes sur les plus curieuses.
Je pus, grâce à lui, lire les procès-verbaux de plusieurs inspections
ecclésiastiques, savoir l'effet produit à Pampelune par l'expulsion
des jésuites en 1767 et copier la liste des biens de la compagnie
dans le royaume de Navarre. Le doyen du chapitre ne vit pas
d'inconvénient à me laisser emporter mes notes; comme je prenais
congé de lui, il me fit même visiter une magnifique salle gothique,
qui servait jadis de réfectoire aux chanoines réguliers de Sainte-
Marie et que le chapitre fait restaurer pour en faire sa salle ca-
pitulaire.

III

VALLADOLID ET SIMANCAS.

Après avoir fait le tour des provinces fuéristes, je pris le chemin de la Castille et résolus de m'arrêter à Valladolid. Obligé par
des raisons particulières de faire un long séjour dans cette ville,
je trouvai à bien employer mon temps. Le secrétaire de l'Ayuntamiento, D. Norberto Tablares Hinojal, me fit une place dans son
cabinet et me permit même d'y venir travailler deux heures dans
la soirée. J'étudiai en détail l'organisation municipale de Valladolid d'après les registres de l'Ayuntamiento de 1791 à 1797, je
trouvai dans la bibliothèque de l'hôtel de ville un certain nombre
de bonnes monographies sur les villes de Castille : la *Salamanca
artistica*, de Falcon (Salamanque, in-4°, 1867); l'*Historia de Salamanca*, de Ramon Giron (Salamanque, in-8°, 1861); *Logroño y sus
alrededores*, d'Antero Gomez (Logroño, 1857, in-8°); l'*Historia de
Toledo*, de Martin Gamero (Toledo, 1862, in-8°); les *Hombres
ilustres de Jerez*, de Parada (Jerez, 1875, in-8°).

Je passai ensuite à la bibliothèque de l'Université, où je pris
connaissance des ordonnances royales qui réformèrent l'enseigne-

ment public en Espagne en 1772. Je consultai également l'ouvrage de D. Vicente de la Fuente sur l'*Histoire des Universités espagnoles* et les *Memorias politicas*, de Larruga (Madrid, 1793, 40 vol. in-8°), vaste enquête sur l'état économique de l'Espagne à la fin du xviiiᵉ siècle.

La bibliothèque de l'ex-Grand-Collège de Santa-Cruz me donna quelques ouvrages curieux : les *Histoires de Valladolid* de Sangrador Vitores (Valladolid, 1851, 2 vol. in-8°) et d'Ortega (1881, 2 vol. in-8°), l'*Estado de la bolsa de Valladolid* de Zelada (Valladolid, 1777, in-4°), les *Memorias historicas de la Ciudad de Zamora* de Duran (Madrid, 4 vol. in-8°, 1882), l'*Elogio de Carlos III* par Cabarrus (Madrid, 1789). Je trouvai une excellente dissertation sur la banque de Saint-Charles et un bon mémoire sur le ministère de La Ensenada, parmi les travaux récompensés aux Jeux floraux de Valladolid en 1883.

Le musée, qui occupe une grande partie du collège de Santa-Cruz, se compose de deux parties d'un mérite bien inégal. La plupart des tableaux provenant des couvents de Vieille-Castille sont médiocres et n'ont qu'un intérêt historique, mais on pourrait avec eux illustrer magnifiquement une histoire de la superstition espagnole. On voit saint Jean de Matha, battu par les Maures, recevoir des mains de la Vierge une bourse pleine de ducats.

L'artiste a ajouté à son tableau un commentaire poétique :

> De cautivos el valor
> Era mas que su caudal.
> Pero Matha liberal
> Paga en exceso de amor
> Con azotes —; que dolor !
> I en la carcel detenido,
> Maria dio a su querido
> Un bolsillo tan sobrado
> Que el Moro quedo pagado.
> I el redemptor redimido.

Plus loin saint Jean de Matha, embarqué avec les captifs qu'il a rachetés, se voit serré de près par les Maures, il déploie son manteau en guise de voile et échappe aux ennemis.

Mas los vientos compasivos
Le presentan tal fortuna
Que haciendo vela oportuna
De su capa, con mejoras
Contando leguas por horas
A ciento salio por una.

La platitude de la poésie peut à peine donner une idée de la médiocrité de la peinture. Les miracles de saint Benoît de Palerme, le baptème de saint François de Guzman, les chapitres généraux de l'ordre des Franciscains (1723 et 1740) sont peut-être encore plus mauvais.

Les galeries de sculpture comptent, au contraire, d'admirables chefs-d'œuvre. Une salle du rez-de-chaussée renferme les stalles de noyer sculpté de l'ancienne église de Saint-Benoît et les statues de bronze doré du duc et de la duchesse de Lerma. Les autres salles sont remplies de magnifiques statues de bois peint, dues au ciseau de Berruguete, de Gaspar de Tordesillas, de Hernandez, de Leoni. Le mouvement, l'expression, la couleur de ces étonnantes figures donnent l'impression aiguë de la réalité. Il faut laisser à la porte tous ses préjugés classiques et pénétrer dans ce musée comme en un monde nouveau où l'on doit s'abstenir de juger, il faut se laisser aller au charme de l'inconnu, qu'on l'aime ou qu'on le haïsse, on ne peut rester indifférent à cet art-là. Une salle tout entière est remplie par les personnages de la Passion; ils ornaient jadis les *pasos* des églises au temps de la semaine sainte, et le Judas était si horrible dans sa traîtrise qu'on dut renoncer à le montrer au peuple : la foule entrait en fureur à son aspect et voulait le mettre en pièces.

J'aurais voulu visiter les archives de la cathédrale et de l'Audience, mais il me fut impossible d'y travailler. Les archives de la cathédrale venaient d'être confiées à un jeune prêtre érudit, D. Calisto Rico y Gil, qui commençait à peine à y mettre de l'ordre. A l'Audience, le premier président m'apprit que les dossiers criminels étaient détruits tous les quinze ou vingt ans et que les archives du Palais ne contenaient que des procès civils. J'eusse aimé examiner quelques liasses, mais il n'y a point d'archiviste; huissier au Palais, barbier en ville, le gardien des archives ne pouvait s'astreindre à me regarder travailler, ou ne pouvait me laisser

seul, je dus renoncer pour cette fois à étudier la procédure cas-
tillane.

Les archives de Simancas ont été décrites par Gachard[1], et par
mon excellent ami M. Boissonnade (*Archives des Missions*, t. XVII).
Très importantes pour l'histoire des xv°, xvi° et xvii° siècles, elles
offrent beaucoup moins de ressources à celui qui s'occupe du règne
de Charles IV. Une courte visite me permit de m'en assurer, et,
grâce à la complaisance de D. Claudio Perez y Gredilla, chef des
archives, je pus y recueillir quelques renseignements relatifs au
patronage royal sur les églises, à l'organisation de l'armée, aux
écoles militaires, à la garde royale, aux preuves de noblesses exigées
pour y entrer, à l'histoire des régiments des différentes armes et à
l'histoire de la milice.

IV

SARAGOSSE.

De Valladolid je gagnai Saragosse où je rencontrai, dans le secrétaire de l'Ayuntamiento, D. Clemente Herranz y Lain, le guide
le plus aimable et le plus compétent. Les archives municipales de
Saragosse, parfaitement rangées dans des armoires de fer, abondent
en documents précieux sur la grande cité aragonaise et même sur
l'Aragon tout entier. Je continuai à Saragosse mes recherches sur
le régime municipal, en compulsant les registres de l'Ayuntamiento
pour les années 1789 à 1796; je consultai également les registres
des privilèges des notaires. j'étudiai le régime des corporations
dans les assemblées des ciriers. des confiseurs. des serruriers, des
marchands de fer, des tailleurs, des plâtriers, des fabricants de
sandales et de bas de soie; je notai les curieux statuts de la corporation des aveugles chanteurs de complaintes (*gremio de ciegos ora-
cioneros*), réformée à la fin du xviii° siècle. Je retrouvai la trace
profonde des troubles qui avaient suivi les émeutes de Madrid en
1766. je vis les débuts et les progrès de la Société économique des
amis du pays, installée à Saragosse à la fin du règne de Charles III.

A la Bibliothèque provinciale, le *Diario de Zaragoza* des années
1797-1799 m'initia à la vie quotidienne de la cité. Les journaux
espagnols du xviii° siècle n'étaient pas l'œuvre de grands clercs.

---

[1] Au tome I° de la *Correspondance de Philippe II*.

mais ils contiennent des dissertations intéressantes, des faits-divers caractéristiques, des annonces amusantes; ils donnent sur la vie pratique, sur les occupations et les divertissements du public des renseignements nombreux qu'on ne trouve que là. Dans un pays où les mémoires privés font presque complètement défaut, c'est aux journaux qu'il faut demander des détails sur la toilette, l'ameublement, les goûts et les usages, les spectacles, les théâtres, l'enseignement public, le mouvement littéraire et scientifique, les voyages, les hôtelleries, le commerce. Un des meilleurs romanciers contemporains, Perez Galdos, a montré dans ses *Episodios nacionales* tout le parti que l'on peut tirer des renseignements fournis par les journaux. J'ai parcouru dans d'autres villes le *Diario de Barcelona* (1795-1802), la *Gazeta de Madrid* (1806), le *Diario de avisos*, la *Gazeta de Mexico* (1784) et même la *Gazeta de Goatemala* (1797), où j'ai trouvé le meilleur portrait que je connaisse du créole espagnol.

Les grandes villes d'Espagne possèdent des cercles infiniment mieux organisés que les nôtres. On chercherait vainement dans une ville française de 50,000 âmes un cercle aussi luxueusement installé et aussi bien organisé que le Casino de Saragosse. Fondé en 1843 pour remplacer le Liceo disparu pendant la régence d'Espartero, le Casino s'est installé en 1848 dans le magnifique palais des comtes de Sastago. Cette vaste construction du xvie siècle s'étend le long du Corso, presque en face du palais de l'audience, sur une longueur de près de 50 mètres. La façade, en briques, est d'un style très simple; elle est percée de sept grandes fenêtres à balcons et ornée d'une magnifique corniche sculptée. Deux riches portails, conçus dans le style *borrominesco,* en complètent la décoration. Le Casino occupe tout le premier étage; l'escalier, les galeries qui règnent autour du *patio,* le grand salon sont ornés de peintures modernes représentant les anciens rois d'Aragon, les Aragonais illustres, des vues de Saragosse, des épisodes glorieux de son histoire. La salle des fêtes a été consacrée tout entière aux souvenirs pacifiques, car, dans le Livre d'or des villes espagnoles, Saragosse porte les surnoms de *bienfaisante* et d'*héroïque,* et elle n'est pas moins fière du premier que du second. Sur le patio intérieur donnent les salles de jeu, de conversation et de lecture. La bibliothèque compte déjà quatre mille volumes. Le catalogue en a été dressé par D. Clemente Herranz y Lain et la section historique est déjà riche en bons ouvrages. J'ai reçu au Casino l'hospitalité la plus cordiale, et je conserve le plus reconnaissant souvenir des longues soirées de travail que j'y ai passées. Je citerai, parmi les ouvrages que j'ai consultés, l'*Historia de la Universidad de Zaragoza* de Borao (Zaragoza, 1869, 1 vol. in-8°), l'*Historia de la marina Real española* de Manini (Madrid, 1856, 2 vol. in-4°), l'*Historia de las Ordenes de Caballeria* de Benavides (Madrid, 5 vol. in-4°, 1864-1865), l'*Historia de los Heterodoxos españoles* de Menendez Pelayo (Madrid, 1880, 3 vol. in-4°).

V

BARCELONE.

Barcelone fut ma dernière étape en Espagne. Un précédent voyage m'avait mis en relations avec D. Manuel de Bofarull, archiviste d'Aragon, décédé l'an dernier, après avoir rempli pendant de longues années cette charge que son père avait occupée avant lui. Connaissant à fond l'histoire catalane et aragonaise, érudit de race, savant aussi courtois que distingué, D. Manuel était l'aménité en personne. Mis au courant de mes projets de travail, il voulut me présenter lui-même à D. Luis Velasco, archiviste de l'Ayuntamiento, tandis que son fils D. Francisco de Bofarull m'obtenait l'entrée de l'Ateneo barcelones et me recommandait au bibliothécaire de l'association, D. Martin Madrid.

Les archives de l'Ayuntamiento sont parfaitement organisées et renferment une bibliothèque historique assez importante. J'y trouvai les registres des délibérations du Conseil de Ville (1790-1795), le Censo de 1787, l'Almanach Royal (*Guia de forasteros*) de 1800 à 1804, donnant la liste de tous les fonctionnaires de tout ordre.

La bibliothèque de l'Ateneo possède près de 25,000 volumes. Je ne puis énumérer tous ceux que j'ai pu consulter, je me bornerai à citer les histoires particulières de Barcelone par Pi y Arimon, de Valence par Boix, de Manresa par Mas y Casas, de Barbastro par Lopez Novoa, de Madrid par Mesonero Romanos, le *Museo militar* de Barado (Barcelone, 3 vol. in-4°, 1886), le *Combate de Trafalgar* de Marliani (Madrid, in-8°, 1851), l'*Historia de la pintura española* de Pi y Margall (Madrid, in-4°, 1851), l'*Historia de la Academia de S. Fernando* de Caveda (Madrid, 2 vol.

in-8°, 1868), l'*Histoire du théâtre en Espagne* de Pellicer (Madrid, in-12, 1804), le *Dictionnaire des musiciens espagnols* de Soldoni (Madrid, 1868, 4 vol. in-8°).

L'Université, magnifiquement installée dans son palais roman de l'avenue des Cortès, a une riche bibliothèque, malheureusement inutilisable, parce que le catalogue n'en est point encore dressé.

Je pus pénétrer aux archives de l'Audience, dont le conservateur D. José Mora me permit de me donner quelque idée. Je vis, rangés dans de vastes greniers, les dossiers des affaires jugées à l'Audience depuis sa création par Philippe V; on me montra, roulées dans une peau de mouton, les 16,000 pages d'un procès monstrueux qui occupa la cour pendant soixante-dix ans et n'a jamais été définitivement jugé. Je me contentai d'examiner un registre contenant le résumé d'un certain nombre de procès civils, un registre des testaments, les registres de nominations des régidors des villes catalanes, des corrégidors généraux et de leurs lieutenants, enfin je mis la main sur de curieux documents concernant l'Université de Cervera.

D. Manuel de Bofarull fit tout le possible pour m'introduire aux archives de la Cathédrale, j'y pénétrai même un matin avec lui; le chanoine archiviste me reçut avec la plus grande politesse et me permit de consulter la collection des lettres royales reçues par le chapitre de Sainte-Eulalie de 1800 à 1808. Quand je revins le lendemain à l'heure qui m'avait été indiquée, je trouvai les archives fermées, parce qu'il y avait ce jour-là quelque office extraordinaire; le surlendemain, elles étaient encore fermées, mais cette fois pour huit jours, parce que c'était la foire de Sainte-Lucie. Je compris que je devais me tenir pour satisfait de ce que j'avais vu et n'en point demander davantage. Je regagnai la France à la fin de décembre 1890, avec l'intention bien arrêtée de retourner en Espagne le plus tôt possible. Je n'ai pu réaliser ce projet qu'au mois d'août 1894. J'ai fait dans l'intervalle deux voyages à Paris pour rechercher à la Bibliothèque nationale, aux archives de la Guerre, de la Marine et des Affaires étrangères les renseignements dont j'avais besoin pour compléter ou contrôler les documents que j'avais recueillis en Espagne. Nommé professeur à la Faculté des lettres de Clermont en juillet 1892, j'ai pris pour sujet de cours, en 1892-1893, la société espagnole au XVIIIᵉ siècle et, en 1893-1894, les institutions de l'Espagne à la même époque. Le public a paru s'intéresser à ces études.

VI

ALCALÀ DE HÉNARÈS. — MADRID.

Je repris le chemin de l'Espagne au mois d'août 1894, muni d'un passeport diplomatique que M. Liard, directeur de l'enseignement supérieur, avait bien voulu me faire délivrer. Je me rendis directement à Alcalà de Hénarès.

Les archives générales centrales d'Alcalà ont été trop bien décrites par M. Baudrillart (*Arch. des Missions*, t. XV) pour qu'il soit à propos d'en parler longuement. J'ai trouvé de nombreux et utiles renseignements dans les correspondances de Charles III avec son fils [1], de Charles IV avec les princes français émigrés [2], de Charles IV et de la Reine avec Godoy, soit pendant son administration [3], soit depuis 1808 [4]. D'autres liasses renferment des détails sur la fortune de Godoy [5] et sur son long séjour en France jusqu'à sa mort [6].

La section d'État comprend encore des correspondances, comme celle de Bucarély, vice-roi du Mexique, avec le marquis de Grimaldi, des documents sur Bonaparte [7], sur les hommes d'État et les généraux [8] qui ont servi l'Espagne sous Charles IV. On y trouve des détails relatifs à la Cour [9], au Conseil d'État [10] et au service de la marine [11].

[1] *Estado*, legajo 2453.

[2] *Estado*, leg. 1626.

[3] *Estado*, leg. 2821. *Cartas de D. Manuel Godoy a los Reyes* (1798-1807); *Ibid.*, leg. 2834, *Cartas interceptadas de Godoy y otros* (1816-1818). Ces lettres étaient envoyées à Ferdinand VII par D. Antonio de Vargas, ambassadeur à Rome.

[4] *Estado*, leg. 2832, *Cartas interceptadas de la reyna, de Godoy, de la Tudo* (1818-1825).

[5] *Estado*, leg. 1075, Catalogue de la galerie de peintures de Godoy.

[6] *Estado*, leg. 2836, Papiers relatifs à Godoy.

[7] *Estado*, leg. 2849.

[8] *Estado*, leg. 2853.

[9] *Estado*, leg. 3559, Mémoire sur les réformes à apporter aux dépenses de la Cour; *ibid.*, leg. 4818. Relation d'une inspection du Palais Royal de Madrid.

[10] *Estado*, leg. 2767.

[11] *Estado*, leg. 557.

Les comptes de la Trésorerie générale abondent en renseignements curieux sur les dépenses de la Cour[1].

Les comptes des Trésoreries de la marine permettent de contrôler en partie les renseignements fournis par nos amiraux sur l'état de la marine espagnole de 1796 à 1805[2].

Quelques liasses venues des archives de la *Sala de Alcaldes de Casa y Corte* renferment des dossiers de procès criminels d'autant plus curieux qu'il est fort difficile, comme on l'a vu, de rencontrer des documents de ce genre[3]. D'autres liasses fournissent des détails sur les prisons[4] et sur les bagnes espagnols au début du XIXe siècle[5].

La section de l'Instruction publique est fort riche et permet d'étudier la vie intime des universités et des grandes écoles du royaume[6] et les divers plans proposés pour la réforme de l'enseignement[7].

Je serai toujours reconnaissant à D. Miguel Velasco y Santos, inspecteur des Archives espagnoles et directeur des Archives d'Alcalà, de l'accueil si bienveillant qu'il m'a fait. J'ai trouvé à Alcalà un véritable ami en la personne d'un jeune archiviste, D. Julian Palencia, dont la compagnie m'a rendu mon séjour à Alcalà aussi fructueux qu'agréable.

A Madrid, mon premier soin fut d'aller rendre visite à D. Antonio Rodriguez Villa, de l'Académie de l'histoire, dont je con-

---

[1] *Tesoreria general*, Año de 1800, leg. 7, Comptes généraux des dépenses du Palais; *ibid.*, leg. 8, Écuries royales; *ibid.*, leg. 9, Nourrices des Infants et Infantes; *ibid.*, leg. 9-16, Liste de toutes les personnes qui ont reçu un traitement ou une pension de la Cour; *ibid.*, leg. 16, Aumônes royales.

[2] *Tesorerias de marina*, leg. 8, Cadiz (1803-1804); *ibid.*, leg. 35, Carthagène (1800-1804); *ibid.*, leg. 55, Ferrol (1804-1805).

[3] *Antigua Audiencia de Madrid. Causas celebres*, leg. 1-4.

[4] *Carceles*, leg. 1.

[5] *Presidios y agregados*, leg. 31.

[6] *Instruccion publica*, leg. 656, Documents relatifs aux Universités; *ibid.*, leg. 659, Histoire de l'Université d'Alcalà; *ibid.*, leg. 664, Revenus de l'Université; *ibid.*, leg. 662, Procès de l'Université (1711-1770); *ibid.*, leg. 663, Édits royaux; *ibid.*, leg. 665, Concours pour les chaires; *ibid.*, leg. 202, 203, 205, Pièces relatives à l'ancien colegio-major de Saint-Ildefonse de l'Université d'Alcalà; *ibid.*, leg. 222, Pièces relatives aux écoles de Saint-Isidore (*Estudios de Sant'-Isidro*, à Madrid; *ibid.*, leg. 327 et 328, Documents relatifs au Royal-Séminaire des nobles à Madrid.

[7] *Instruccion publica*, leg. 113, Projets de réforme de l'instruction primaire,

naissais de longue date le grand savoir et l'extrême obligeance.
L'Académie de l'histoire n'est pas fort riche en documents sur le
xviiie siècle. D. Antonio me procura cependant quelques pièces
fort curieuses : un traité sur l'inscription maritime espagnole; une
représentation des royaumes d'Aragon à Charles III pour lui demander le rétablissement des Fueros; le journal du voyage de
Charles III de Naples à Barcelone en 1759; la liste des récom-
penses accordées par le roi au marquis de la Victoire à l'occasion
de ce voyage; la correspondance d'un jeune enseigne de vaisseau
D. Francisco Tamayo, avec ses parents, au cours d'une croisière
en Amérique (1797).

Le secrétaire de l'Ayuntamiento de Madrid voulut bien m'ouvrir
les portes des Archives de la ville, qui occupent une partie des
bâtiments de la Panaderia sur la Plaza Mayor. J'y étudiai les registres des délibérations du Conseil de Ville pour les années 1803
et 1804. La Bibliothèque municipale n'est pas sans intérêt, et il
est fâcheux que le manque d'argent empêche de l'ouvrir au public.
L'hôtel de la Panaderia est lui-même très délabré, certaines parties
sont en ruines et demanderaient d'urgence des réparations considérables.

Le Ministère de la marine, installé dans l'ancien palais de Godoy,
renferme une bibliothèque, un musée naval et des archives.

La bibliothèque, confiée aux soins de M. Ojo, possède un grand
nombre d'ouvrages spéciaux parmi lesquels je citerai : les *Ordenanzas generales de la armada naval* (Madrid, 2 vol. in-4°, 1793);
le Traité de mécanique appliquée à la construction des vaisseaux
du célèbre ingénieur espagnol D. Jorge Juan (Madrid, 1771,
2 vol. in-8°); les *Estados generales de la armada* des années 1802,
1805, 1806 et 1807; l'*Historia del combate de Trafalgar,* de Ferrer
de Couto (Madrid, 1851, in-8°); l'*Exposicion historica de las causas
que mas han influido en la decadencia de la marina española,* de
Zeferino Ferret (Barcelone, 1819, in-8°), avec une étude complète
sur l'organisation de la matricule de mer.

Le Musée de la marine, créé en novembre 1843, comprend onze
grandes salles et diverses annexes. Un catalogue descriptif vient
d'être dressé, et permet de l'étudier avec fruit [1]. Il contient un

[1] Cour et conciergerie. Objets divers. — Salle 1. Arsenaux, éléments de
construction, matières premieres. — Salle 2. Artillerie, armements, machinerie.
— Salle 3. Gréement et voilure. — Salle 4. Colonies d'outre-mer. — Salle 5.

grand nombre de portraits de ministres et de marins illustres, ceux de la Ensenada, de D. José Navarro, de Valdes, de Morillo, d'Alcédo, d'Escaño, de Salcedo, de Langara, d'Alava, etc., des modèles des vaisseaux anciens : le *Real Carlos* (1787), le *S. Vicente Ferrer* (1768), le *San Juan Nepomuceno*, le *Santa Ana*, le *Rayo*, le *San Justo*, etc.; des modèles de brigantins, de chébecs, de canonnières, de galiotes et de bombardes, un modèle des batteries flottantes imaginées par d'Arçon (1781), un projet de canonnière insubmersible du commencement de ce siècle, et mille objets curieux qui donnent la physionomie exacte de la marine espagnole à l'époque de son plus complet développement.

Les Archives de la marine sont dirigées par D. Angel Lasso de la Vega y Arguelles, j'y fus admis grâce à une autorisation du Ministre de la marine; j'y venais chercher les rapports officiels des commandants espagnols à Trafalgar. Malheureusement ces documents, confiés jadis à l'Italien Marliani et passés depuis en d'autres mains, ne sont jamais rentrés aux Archives depuis 1841, et le livre de Marliani sur Trafalgar peut seul aujourd'hui nous donner une idée de leur contenu et de leur importance.

Je ne quittai pas Madrid sans faire de longues visites au musée du Prado, où la collection des Goya a toute l'importance d'une collection de documents historiques. Comment parler de Charles IV, de Marie-Louise, de Ferdinand VII, si on ne les a vus dans ces tableaux étranges où le diable qu'était Goya semble les avoir peints avec des flammes; comment parler des mœurs du xviiie siècle, si l'on n'a vu les cartons de tapisseries du Prado et les *majas* de l'Académie San Fernando? Qui ne comprend pas Goya ne comprendra jamais rien à l'Espagne.

J'ai terminé mon voyage par Cadiz et Séville. J'ai profité de mon séjour à Cadiz pour pousser jusqu'à la charmante ville maritime de San Fernando, visiter l'arsenal de la Carraca, et les

Marine historique. — Salle annexe. Objets divers, documents historiques et bibliothèque spéciale. — Salle 6. Souvenirs de Colomb. — Salle 7 (*de Ferdinand VI*). — Renaissance de la marine espagnole. Objets divers, peintures, modèles de vaisseaux du xviiie siècle. — Salle 8. Marine moderne, peintures et modèles de vaisseaux depuis le commencement du xixe siècle jusqu'à nos jours. — Salle 9. Souvenirs de marins illustres. — Salle 10. Sciences navales, objets de nautique, astronomie, cosmographie, torpilles et torpilleurs. — Escalier principal. Peintures, modèles de navires, objets d'art naval. — Salle 11. Section de pêche.

Archives de San Carlos. J'ai trouvé auprès du capitaine général du Département de Cadiz, du commandant général de l'Arsenal et des directeurs des Archives, le même accueil bienveillant que j'ai rencontré partout en Espagne. D. Julio Alvarez Muñiz, ingénieur de la marine, voulut même mettre à ma disposition les livres de sa propre bibliothèque, et je lui dois communication de l'ouvrage capital de D. Luis Maria de Salazar, *Juicio critico sobre la marina militar de España* (Ferrol, 2 vol. in-4°, 1888), le livre le mieux écrit et le plus hardi que j'aie lu en Espagne, avec les *Cartas politico economicas,* de Campomanes, éditées par D. Antonio Rodriguez Villa.

Les Archives des Indes à Séville n'ont été visitées qu'une fois par un Français, et fort sommairement[1]; les archives du Consulat de Cadiz sont complètement inconnues; on me permettra sans doute de donner quelques détails sur ces deux importants dépôts qui offriraient aux travailleurs des documents du plus haut intérêt et presque entièrement inédits.

VII

ARCHIVES DES INDES À SÉVILLE.

Les Archives des Indes sont installées à la Bourse de commerce (*Casa-lonja*) de Séville. Bâtie sous Philippe II par l'architecte Herrera, au temps où Séville avait le monopole du commerce des Indes, la Lonja est un bel édifice de style classique, de forme rectangulaire, complètement isolé entre les hautes murailles de l'Alcazar, et la masse énorme de la cathédrale. Le monument se compose de deux étages d'ordre toscan, percés de onze fenêtres sur chaque face, et couronnés par une corniche très simple et une balustrade, que rompent de distance en distance des pilastres carrés portant de grosses boules. Aux angles se dressent quatre pyramides d'un aspect un peu lourd. Le centre de la construction est occupé par un magnifique *patio* dallé de marbre, entouré de vingt arcades en plein cintre soutenues par des colonnes d'ordre dorique. Les salles du rez-de-chaussée sont occupées par le Tribunal de

---

[1] Alfred Demersay, *Rapports sur les résultats d'une mission dans les archives d'Espagne et de Portugal, 1862.* (*Archives des missions scientifiques et littéraires* 11ᵉ série, t. II.)

commerce, le premier étage est réservé aux Archives des Indes. On y monte par un somptueux escalier de marbre rouge, dont la cage prend la moitié de la face occidentale de l'édifice.

Les Archives des Indes ont été installées à Séville par Charles III en 1784. Le commerce des Indes avait été déclaré libre, la Chambre de commerce (*casa de contratacion*) avait été transportée de Séville à Cadiz; le roi résolut de centraliser dans la Bourse, devenue trop vaste, les Archives des Indes jusqu'alors éparses en Amérique, à Simancas et à Madrid. La décision royale n'était pas dictée par des raisons d'ordre scientifique. C'était avant tout une mesure politique. Tout le gouvernement des colonies espagnoles ressortissait au Conseil des Indes établi à Madrid, comme tout le gouvernement de l'Espagne ressortissait au Conseil de Castille. Le Conseil des Indes était à la fois un comité de législation, un conseil de gouvernement, un haut tribunal administratif et judiciaire. Rien ne se faisait dans l'immense étendue des Indes espagnoles sans son autorisation. Police, justice, finances, armée, l'Église même, tout dépendait de lui. Dans un pays aussi traditionnaliste que l'Espagne, la jurisprudence avait une importance capitale, les tribunaux étaient toujours préoccupés au dernier point de n'innover en rien et de mettre la sentence à rendre en harmonie avec les sentences rendues. Les documents d'archives n'étaient donc pas seulement des pièces historiques, ils constituaient un arsenal où le roi trouvait toutes les armes nécessaires pour défendre ses droits, tous les renseignements dont il avait besoin pour administrer ses domaines suivant la loi et la coutume. Aux collections de pièces venues du Conseil des Indes s'ajoutèrent les archives de la Chambre de commerce. Elles n'avaient plus, au point de vue économique, qu'une valeur rétrospective, mais comme l'administration tenait registre de tous ceux qui passaient aux Indes et recueillait toutes les successions en déshérence, mille questions de droit privé se résolvaient encore à l'aide des titres conservés à la Chambre de commerce. Un travailleur français trouverait certainement plus d'une page curieuse dans la section relative à la guerre de course au xviie siècle[1].

Le caractère politique des Archives des Indes a encore aujour-

[1] On peut consulter sur l'histoire de ce tribunal une intéressante étude de D. Manuel Danvila intitulée : *Significacion que tuvieron en el gobierno de America la Casa de contratacion de Sevilla y el Consejo supremo de Indias.* Cette étude a fait l'objet d'une conférence à l'Athénée de Madrid, le 7 janvier 1892.

d'hui une conséquence importante. L'accès en est public en ce sens que tout étranger peut en parcourir les galeries sous la conduite d'un employé; mais on n'y peut travailler qu'avec l'autorisation du ministre d'Ultramar. Il faut ajouter que cette permission s'obtient très facilement. M. Defrance, chargé d'affaires de la République à Madrid, voulut bien faire passer ma demande au ministre, et je reçus quelques jours plus tard une lettre très courtoise de M. Becerra qui m'octroyait la libre pratique des archives.

Je trouvai l'accueil le plus gracieux auprès de D. Carlos Jimenez Placer, directeur des Archives, et D. Pedro Torres y Lanzas, directeur adjoint.

Les Archives comprennent une salle de travail, trois grandes galeries donnant sur la rue, trois galeries plus étroites donnant sur le patio et un cabinet pour le directeur. Les trois galeries formant les côtés nord, est et sud du palais sont couvertes d'une voûte à caissons et garnies de chaque côté d'armoires en bois de cèdre remplies de liasses et de registres. Quelques portraits représentent les hommes de guerre, les ecclésiastiques, les grands seigneurs et les savants qui ont découvert, évangélisé, gouverné et étudié le Nouveau Monde. J'ai regardé avec intérêt les portraits de Las Casas, de D. Jorge Juan et de D. Antonio de Ulloa.

Dans la salle de travail, une bibliothèque renferme une série d'ouvrages généraux ou spéciaux à l'histoire d'Amérique qui peuvent être utiles aux travailleurs. On y trouve la *Novisima Recopilacion de leyes de Indias*, code général des lois coloniales; l'*Ordenanza de Intendentes de Indias*, code administratif de l'Amérique espagnole; un intéressant traité sur la Chambre de commerce des Indes, *Norte de la contratacion de Indias;* un ouvrage de M. Blanco Herrero, *Politica de España en Ultramar;* les récentes histoires de Charles III et de Charles IV, écrites par D. Manuel Danvila y Collado et par le général D. Jose Gomez de Arteche, pour la grande collection entreprise par l'Académie royale de l'histoire, sous la direction de D. Antonio Canovas del Castillo.

Les archives se divisent en deux grandes sections : documents provenant du Conseil des Indes, et documents provenant de la Chambre de commerce.

La section de la Chambre de commerce est inventoriée dans deux catalogues (*Indices*) comprenant chacun quatre tomes in-folio.

L'un de ces catalogues donne les documents par ordre chronologique, l'autre les a divisés par ordre de matières. Là se trouvent tous les détails concernant l'organisation des flottes de guerre et des convois marchands, les licences délivrées par le roi pour passer aux Indes, les renseignements relatifs aux successions en déshérence.

La catalogue de la section du Conseil des Indes a été dressé de 1858 à 1868 par les soins de D. Aniceto de la Higuera, archiviste des Indes. Il est divisé en trois tomes : le premier comprend les documents les plus anciens provenant du fonds de Simancas et des secrétariats de la Nouvelle Espagne et du Pérou. Le second renferme les documents plus modernes (xviie et xviiie siècles), distribués en autant de sections qu'il y avait de Parlements (*audiencias*) aux Indes[1]. Le troisième est consacré aux affaires diverses classées sous la rubrique : *yndiferente general*. Les documents portent tous le numéro de l'armoire (*estante*), de la tablette (*caja*) et de la liasse (*legajo*) où ils sont conservés. Une référence se donne sous la forme suivante : *Archivo de Indias. Yndiferente general. Eclesiastico. Estante 155. Caja 3. Legajo 25.* Certaines liasses portent deux numéros, l'un à l'encre et l'autre au crayon, parce que le classement a été modifié depuis la rédaction des catalogues; c'est le numéro au crayon qui répond au classement actuel. Les liasses sont en général très volumineuses; elles sont protégées par deux feuilles de fort carton et attachées par un large ruban de fil noué en croix.

Les documents sont communiqués sur demande verbale; on peut demander cinq ou six liasses à la fois. Elles sont apportées au lecteur sur des petits chariots et placées à côté de lui sur un large bureau où quatre personnes peuvent travailler à l'aise. Trois autres bureaux plus petits servent au directeur adjoint, et aux employés des Archives, souvent occupés à exécuter des copies pour le gouvernement ou les particuliers. Les Archives sont ouvertes de dix heures du matin à quatre heures du soir, tous les jours de la semaine, excepté les jours anniversaires des membres de la famille royale. Le samedi, les Archives ferment à trois heures.

Mes recherches ont porté sur l'administration des Indes à la fin du xviiie siècle. L'*yndiferente general* m'a fourni des renseignements détaillés sur l'organisation du Conseil des Indes, le recrutement

[1] On en comptait treize à la fin du xviiie siècle: Cuba, Mexico, Guadalajara, Guatemala, Santa-Fé, Caracas, Quito, Cuzco, Lima, Charcas, Buenos-Ayres, Santiago de Chile et Manila. (*Guia de forasteros*, 1804.)

de ses ministres et la procédure qui y était en usage [1]. On pourra juger de l'importance de ce grand corps par les titres mêmes des dossiers relatifs à son organisation et à son fonctionnement : Décrets de réforme du Conseil et de la Chambre des Indes et de ses officiers subalternes (1617-1624). Traitements de ses membres et employés (1765-1815). Décrets royaux et résolutions du Conseil et de la Chambre. Matières administratives traitées au Conseil et à la Chambre. Registres des délibérations du Conseil [2]. Demandes de places au Conseil et nominations de conseillers, de cosmographes mayors des Indes [3], de chroniqueurs cosmographes, de juges des acquisitions territoriales et des amendes [4]. Recette et trésorerie générale du Conseil. Formation d'une statistique générale des Indes (1737-1821). Voyages de découverte. Plans et études sur le royaume du Chili. Envoi de curiosités pour le Cabinet d'histoire naturelle. Quinquina. Vaccine. Traités de paix, déclarations de guerre, révoltes aux Indes. Correspondance relative aux guerres de 1793 à 1802. Commanderies, grâces et privilèges accordés aux descendants de Pizarre et de Montézuma, au duc de Veragua, au marquis del Valle de Oajaca [5]. Décision des conflits entre les tribunaux des Indes. Collection des lois des Indes. Établissement de greffes et de notariats aux Indes. Ventes et confiscations de terres. Successions en déshérence. Matières fiscales, etc. [6].

Les vice-rois et capitaines généraux étaient les agents directs du gouvernement espagnol aux Indes [7]. La loi les obligeait à laisser à leur successeur un rapport général sur leur administration. Ces rapports constituent des documents d'une importance capitale et un certain nombre ont été publiés dans la *Coleccion de documentos ineditos*.

Une seule liasse [8] contient le mémoire du marquis de Croix

[1] Estante 141, caj. 5, leg. 1.

[2] Est. 141, caj. 5, leg. 1.

[3] Est. 145, caj. 6, leg. 28.

[4] Est. 145, caj. 6, leg. 27.

[5] Est. 92, caj. 6, leg. 19.

[6] *Archivo de Indias*, Indice.

[7] Les Indes espagnoles comprenaient à la fin du XVIIIe siècle les quatre vice-royautés de Nouvelle-Espagne, Nouvelle-Grenade, Pérou et Buénos-Ayres, et les capitaineries générales de Porto-Rico, Cuba et Florides, Guatemala, Caracas, Chili et Manille.

[8] Est. 88, caj. 5, leg. 13.

vice-roi du Mexique à son successeur D. Antonio Bucarély (1771);
le mémoire de D. Theodoro de Croix, vice-roi du Pérou à son successeur D. Fr. Francisco Gil de Lemos (1790); l'instruction laissée
par le comte de Revilla-Gigedo, vice-roi du Mexique au marquis
de Branciforte (1794); l'instruction du vice-roi du Mexique Azanza
au comte de Marquina (22 avril 1800). Ces mémoires sont souvent considérables. Celui du comte de Revilla-Gigedo forme un
énorme volume, divisé en 1,422 articles et augmenté d'un index
très bien dressé. Les manuscrits sont écrits avec le plus grand soin;
quelques-uns sont richement reliés en peluche verte ou rouge, et
dorés sur tranches. On attachait un tel prix aux mémoires des
vice-rois qu'on les rédigeait souvent en double ou triple exemplaire pour diminuer les chances de perte qu'ils couraient pendant
la longue traversée des Indes en Espagne.

Les mémoires officiels des vice-rois peuvent être utilement
complétés et contrôlés par l'examen de leur correspondance avec
les Audiences [1]. Une correspondance particulière du vice-roi Bucarély avec son frère et différents personnages importants abonde
en détails curieux sur la vie sociale au Mexique (1772-1775), les
difficultés et les intrigues incessantes au milieu desquelles se dé-
battait le vice-roi [2].

Les Audiences étaient à la fois des cours de justice, des conseils
administratifs, des agences de renseignements au service du Gouvernement espagnol. On peut se faire difficilement une idée du
nombre prodigieux d'affaires qui passaient par les greffes des Audiences. Elles enregistraient les ordres royaux [3], donnaient des
consultes et rendaient des ordonnances sur les matières administratives [4], faisaient des enquêtes, délivraient aux intéressés les
brevets de nomination qui leur étaient expédiés par la Chambre
des Indes. Les Audiences surveillaient toutes les juridictions, tous
les magistrats, tous les officiers de justice. Elles avaient le contrôle
de la police et de tous les intérêts économiques, moraux et spi-
rituels de leur province [5]. Les établissements de bienfaisance, les
hospices, les ordres religieux, les collèges étaient placés sous leur

---

[1] Est. 88, caj. 4, leg. 12.
[2] Est. 146, caj. 4, leg. 4.
[3] Est. 147, caj. 5, leg. 7.
[4] Est. 91, caj. 2, leg. 11 à 14.
[5] Est. 88, caj. 1, leg. 14 (1801-1812).

patronage et sous leur dépendance. Elles étaient munies des pouvoirs les plus amples pour assurer la rentrée des revenus royaux ; elles étaient en correspondance et souvent en conflit à ce sujet avec les vice-rois, les intendants, les fermiers de l'Alcabala et le tribunal des comptes. Elles prononçaient ou informaient dans les questions de noblesse et de fondation de majorats [1]. Elles intervenaient même dans les affaires militaires [2]. Elles avaient la police du commerce, et délivraient des permissions pour faire le négoce entre la Nouvelle-Espagne et le Pérou [3].

Le roi d'Espagne était le patron universel de l'église des Indes. Les affaires ecclésiastiques ressortissaient aux Audiences, au Conseil et à la Chambre des Indes. La nomination aux bénéfices ecclésiastiques, la protection et le contrôle des biens d'église, les comptes des fabriques, la perception des impôts prélevés sur le clergé, les aumônes de vin, de cire et d'huile aux paroisses pauvres, les gratifications aux évêques, l'inspection et la réforme des couvents, tout se traitait à la Chambre des Indes. Les procès-verbaux d'inspection des monastères ne donnent pas toujours une haute idée de leur organisation. On voit des généraux d'Ordres dépenser le patrimoine des pauvres, s'approprier des dépôts, vivre avec un luxe et une liberté interdits par la règle [4]. Le Conseil des Indes ordonnait des enquêtes, rédigeait des plans de réforme [5] et n'obtenait pas de résultats bien appréciables, tant les abus étaient invétérés [6], et tant il y avait de gens intéressés à les maintenir.

L'administration des villes était confiée à des chapitres séculiers (*cabildos*), placés comme toutes les autres autorités coloniales sous le contrôle des Audiences. La détresse du trésor espagnol avait engagé le roi à permettre la vénalité des charges municipales. Deux actes royaux du 3 novembre 1581 et du 14 décembre 1606

---

[1] Est. 95, caj. 2, leg. 21 (1800), Examen des prétentions de Doña Maria Joaquina Inca, habitante de Mexico, qui prétendait descendre des empereurs du Pérou.

[2] Il y a des liasses remplies de documents relatifs à la guerre de la Sonora (1767-1771), à l'expédition de Galvez au Guarico (1781-1783), à la campagne de Floride (1781-1785), au séjour de l'escadre de Solano dans le golfe du Mexique (1780-1784), aux croisières du marquis del Socorro (1793-1798).

[3] *Arch. des Indias.* Audienca de Mexico. Indice, t. II.

[4] Est. 91, caj. 2, lej. 16 ; *ibid.* 155, caj. 3, leg. 85.

[5] Est. 155, caj. 3, leg. 22.

[6] Est. 143, caj. 2, leg. 16.

avaient autorisé l'aliénation des « offices de plume » existant auprès
des cités, bourgs et villages. L'acquéreur pouvait renoncer à son
titre en faveur d'un tiers à la double condition de désigner son successeur dans les soixante jours qui suivaient sa résignation, et de
survivre lui-même vingt jours au moins à sa renonciation. On pouvait ainsi acheter et vendre un office d'alguazil-mayor, de porte-
étendard de la cité, une charge de régidor, un emploi de vérificateur des poids et mesures [1]. Lorsque le propriétaire d'une charge
vénale mourait subitement avant le délai de vingt jours fixé par la
loi, sa charge revenait au roi et était mise aux enchères. Même,
dans le cas où le résignataire remplissait les conditions qui lui
étaient imposées, le candidat à sa succession devait répondre à une
enquête de bonne vie et mœurs, et prouver qu'il n'avait parmi ses
ancêtres ni More, ni juif, ni mulâtre, ni nouveau chrétien, ni
pénitencié de l'Inquisition. Il lui fallait ensuite obtenir la confirmation royale. Cette confirmation ne s'obtenait qu'à la suite d'une
longue et coûteuse instance auprès du vice-roi, de l'Audience, du
Conseil et de la Chambre des Indes. Un habitant de Guanajuato
qui prétendait succéder à son père comme vérificateur des poids
et mesures dut poursuivre son droit pendant plusieurs années, et
ce curieux procès ne contient pas moins de quatre-vingt-cinq actes
juridiques, depuis l'acte de renonciation du père jusqu'à l'acte de
mise en possession du fils [2].

Les *cabildos* avaient peu d'autonomie [3], et jouissaient de peu
de considération ; on peut cependant noter de réels progrès à la
fin du xvɪɪɪe siècle. Les *cabildos* étaient consultés dans les circonstances sérieuses [4]. Azanza parle d'un régidor de Mexico qui avait
réformé les corporations et supprimé un grand nombre d'abus [5].
Les villes s'embellissaient [6]. On créait des hospices pour les men-
diants et les orphelins [7], on améliorait le régime des hôpitaux [8].
Quelques besoins intellectuels commençaient à se faire sentir [9],

---

[1] Est. 88, caj. 4, leg. 12. (Très nombreux exemplaires.)

[2] Est. 88, caj. 4, leg. 12.

[3] Est. 91, caj. 2, leg. 16.

[4] Est. 91, caj. 2, leg. 16 (1788); *ibid.* 91, caj. 2, leg. 11 (1812).

[5] Est. 88, caj. 5, leg. 13.

[6] Est. 97, caj. 5, leg. 24 (1781).

[7] Est. 97, caj. 5, leg. 5 et 16.

[8] Est. 91, caj. 2, leg. 16.

[9] Est. 92, caj. 6, leg. 27 (1788).

des imprimeries s'établissaient, il y avait une gazette à Mexico, un journal à La Havane, une gazette à Guatémala [1]. Cette dernière renferme des articles fort curieux et d'un tour vraiment littéraire [2].

La justice était rendue en première instance aux Espagnols et aux créoles par les corrégidors établis dans les districts. L'appel était porté aux Audiences, souvent distantes de plusieurs centaines de lieues, et des Audiences on en pouvait encore appeler au Conseil des Indes. La justice ne pouvait manquer d'être fort lente. Les Archives des Indes en fournissent des preuves accablantes. Azanza déclare avoir trouvé à son arrivée aux Indes plus de 700 procès criminels en retard ; plus de 1.500 accusés attendaient en prison que le vice-roi voulût bien s'occuper de leur affaire [3]. Il arrivait souvent qu'un fonctionnaire, mal vu de l'Audience ou du vice-roi, fût embarqué pour l'Espagne sans autre forme de procès. Une fois arrivé à Cadiz il poursuivait sa réhabilitation auprès du Conseil des Indes [4]. On vit des instances de ce genre durer dix-sept ans [5]. Les Indiens étaient tous justiciables du vice-roi en première instance. Tous les procès civils ou criminels où ils étaient intéressés, même comme demandeurs, étaient jugés par le *juzgado de naturales,* composé du vice-roi, d'un assesseur gradué en droit, d'un rapporteur et d'un greffier. Ce tribunal était surchargé d'affaires, l'assesseur faisait presque toute la besogne, et le vice-roi se contentait de signer les pièces qui lui étaient présentées. On devine combien un pareil système était défectueux.

Les finances formaient aux yeux du roi d'Espagne la partie la plus importante de l'administration des Indes. Les Archives de Séville contiennent un grand nombre de documents relatifs à ce service. J'ai laissé de côté tout ce chapitre sur lequel je possédais déjà des renseignements suffisants.

L'armement des colonies espagnoles avait été pendant longtemps négligé par le gouvernement de Madrid. A part quelques garni-

---

[1] Les gazettes sont, depuis le mois de mai 1894, déposées à la bibliothèque des Archives des Indes.

[2] *Gazeta de Goatemala.*

[3] Estante 88, caj. 5, leg. 13 (1800) ; *ibid.* 91, caj. 1, leg. 7 et 8 (1781-1812).

[4] Est. 97, caj. 5, leg. 19 (1770-1773).

[5] Est. 97, caj. 5, leg. 16 (1745-1762), Procès de D. Josef de Cardenas, administrateur de l'hôpital des Indiens de Mexico.

sons dans les ports les plus importants et quelques corps pour le
maintien de la police, les Amériques n'avaient point de troupes,
et le Conseil des Indes n'avait aucun désir de réveiller les passions
guerrières chez des peuples d'un tempérament aussi belliqueux
que les Aztèques ou les Quichuas. A partir de la paix de Paris
(1763), le péril qu'avaient couru les colonies espagnoles amena le
gouvernement à modifier complètement sa politique. Il fonda de
nouveaux *presidios* [1], soumit les Indiens *bravos* du Mexique [2],
fortifia la Havane. Le vice-roi Bucarély élabora tout un plan de
défense pour la Nouvelle-Espagne [3]. Sa correspondance est remplie
de détails intéressants sur l'état des frontières mexicaines en 1772.
L'armée américaine se composait de garnisons espagnoles, de milices créoles, de compagnies de volontaires nègres ou mulâtres. Si
l'on en croyait l'Amanach royal (*Guia de forasteros*), ces forces auraient composé un ensemble formidable. Les pièces des archives
permettent de constater la faiblesse de toutes ces troupes et leur
peu de valeur militaire. Tel colonel n'a jamais vu le feu en trente-
trois ans de service; tel capitaine est inexact et pusillanime; tel
autre, après trente-trois ans de service. n'a pu faire connaître sa
valeur, est incapable et inappliqué, et, quoique marié, mène la vie
la plus irrégulière. La plupart sont de braves gens, plutôt bureau-
crates que militaires. Les milices laissent encore beaucoup plus à
désirer. Le régiment du Prince-Royal à Manille n'a, en 1783, que
les trois quarts de son effectif; aux dragons de Luzon, 4 officiers
sur 11 sont absents ou employés ailleurs. Un inspecteur royal, qui
visitait Acapulco en 1776, n'y trouvait ni un bon fusil, ni un ar-
tilleur qui sût charger un canon. Les bataillons nègres auraient pu
avoir quelque valeur, mais leurs officiers étaient de la dernière
ignorance et ne savaient maintenir aucune discipline [4]. Certaines
troupes firent cependant des prodiges lors de la révolte du Pérou,
et l'armement des créoles et des indigènes favorisa certainement
l'émancipation des colonies espagnoles au début du xixᵉ siècle.

Moins encore que de l'armée, le gouvernement s'était préoccupé
de l'instruction. Un savant chilien, M. Medina, étudie en ce moment l'intéressante question de l'enseignement public aux Indes

[1] Est. 92, caj. 6, leg. 20 (1760) et 22 (1763).
[2] Est. 92, caj. 6. leg. 22 (1768).
[3] Est. 146, caj. 4, leg. 4 (1772).
[4] Est. 146, caj. 4. leg. 4: *ibid.* 148, caj. 1, leg. 6 à 12 (1783-1784).

avant l'émancipation. Il constatera, sans doute, quelques louables efforts de la part du clergé et du roi, le défaut de ressources, le manque d'hommes, la routine des méthodes et la médiocrité des résultats.

Sous l'influence des idées philosophiques, on voit se produire une poussée en faveur de l'instruction. En 1774, le roi ordonne la création d'un séminaire aux îles Mariannes, pour instruire les Indiens et fonder des écoles [1]. En 1782, il recommande aux corrégidors d'ouvrir des écoles : on enseignera surtout le catéchisme et l'espagnol. On tâchera d'obtenir un peu d'argent des particuliers, on persuadera par la douceur aux pères de famille d'envoyer leurs enfants en classe [2]. En 1796, ce sont les habitants de Pansacola qui demandent eux-mêmes l'installation d'un maître d'école dans leur ville. En 1799, on voit à S. Agustin de Florida, un maître de lecture, écriture et arithmétique, rétribué à 30 pesos par mois. En 1802, un Indien D. Félix Cocom, cacique de *Timucuy* (Yucatan), demande au roi d'autoriser l'établissement d'une école dans son village et offre 300 pesos de dotation au maître; sa pétition est examinée en Conseil des Indes. En 1805, le roi établit une *école laïque* à Pachuca.

L'enseignement secondaire tend aussi à se développer. Des chaires de latin sont créées dans les grands centres. Une maison d'études (*casa de estudios*) est fondée à Oaxaca, en 1777, pour le recrutement du clergé local. Le collège de San Carlos de Mexico instruit les jeunes nobles indiens [3]. Il y avait même aux Indes des collèges de jeunes filles [4].

Le Nouveau Monde comptait un certain nombre d'Universités. On peut citer celles de Saint-Domingue, de la Havane, de Mexico, de Lima et de Manille. A la fin du xviiie siècle, il en fut créé de nouvelles. Celle de Guadalajara fut instituée par décret royal du 18 novembre 1791 avec cinq chaires de théologie, une de droit canon, une de droit castillan, une de langue mexicaine, une de

---

[1] Est. 145, caj. 7, leg. 12 (9 novembre 1774-23 avril 1779).

[2] Est. *ibid.*, *Cedulas generales.*

[3] Est. 145, caj. 7, leg. 12. *Ynformes sobre el establecimiento del colegio de San Carlos.*

[4] Est. 145, caj. 7, leg. 12 (1805). *Ynformes sobre el colegio de Santa Potenciana de Filipinas; colegio de niñas huerfanas de Nuestra Señora de la Merced de la Puebla de los Ange'es.*

médecine et une de chirurgie [1]. Le conseil municipal, l'alcalde, l'évêque, le président de l'Audience de Guadalajara, le fiscal, la recette générale et la chambre de gouvernement du Conseil des Indes s'étaient montrés favorables à la nouvelle création; seule, l'Université de Mexico y avait fait opposition. Le 9 août 1797, une autre Université fut érigée à Mérida de Yucatan.

Le roi accordait volontiers aux Universités des Indes des distinctions honorifiques. Il leur permettait de placer au-dessus de leurs portes l'écu de ses armes royales. Il donnait à certains collèges le titre de *colegio mayor*, si recherché en Espagne. Il accordait au professeur de droit espagnol de Manille le rang d'auditeur à l'Audience. Il était naturellement moins prodigue d'argent. Les biens des jésuites expulsés avaient d'abord paru aux ministres espagnols une inépuisable mine d'or, mais les créanciers de la compagnie avaient soulevé mille difficultés, et le roi, qui avait cru doter richement une Université en lui attribuant une part dans les biens des Pères, apprenait souvent avec surprise au bout de plusieurs années qu'elle n'avait rien reçu. Il fallait avoir recours à d'autres ressources, demander des subsides aux villes, aux évêques, faire des retenues sur les dîmes. Tout cela rentrait assez mal. La comptabilité était tenue de la manière la plus irrégulière. Un collège qui n'avait pas 10,000 pesos de capital en dépensait 150 pour la fête de Saint-Louis de Gonzague.

La valeur de l'enseignement paraît avoir été médiocre. La théologie remplissait plus de la moitié des chaires. Les Franciscains et les Augustins étaient, pour ainsi dire, propriétaires des chaires « du subtil docteur » (Duns Scot) et de « l'évangélique Thomas ». Ils y éternisaient les discussions scolastiques, sans aucun profit pour les pauvres prêtres indiens qui les écoutaient. L'Université de Mexico avait encore une chaire d'astrologie en 1757. Le titulaire de la chaire était médecin et demandait naïvement au Conseil des Indes s'il ne devait pas se faire recevoir docteur en astrologie. Le Conseil répondait que ce grade n'existait pas, qu'il ne paraissait pas nécessaire de le créer et que, « l'astrologie et la médecine étant des sciences connexes, on ne pouvait être docteur en médecine sans se connaître en astrologie ». Tous les professeurs dictaient leur cours; les examens se réduisaient à un stérile exercice de

---

[1] Est. 145, caj. 7, leg. 1° 1805 . Université de Guadalajara.

mémoire. Aux Indes comme dans la Péninsule, l'Espagnol se révélait vif, alerte et d'une précocité étonnante; on voyait à Mexico
de jeunes bacheliers de 24 ans argumenter « avec le plus grand
talent » contre les professeurs en exercice et en retraite, les doyens
des facultés et les maîtres des ordres religieux agrégés à l'Université [1]. Mais la culture surannée qui était en usage dans les Universités espagnoles n'était propre qu'à former des rhéteurs et ne
développait sérieusement ni l'imagination ni le jugement. A la fin
du siècle, se manifestent quelques tendances scientifiques: on supprime des chaires de philosophie pour les transformer en chaires
de mathématiques [2]; on crée des chaires de chimie [3]; on institue
à Mexico une école des mines. Au milieu de la médiocrité générale et malgré la routine invétérée, quelques symptômes de progrès
commencent à paraître.

Quoique presque tous les documents relatifs au commerce
avant 1778 doivent être recherchés dans les archives de la Chambre
de commerce, les archives du Conseil des Indes possèdent encore
plus d'une pièce intéressante sur *l'asiento de negros* de 1713 à
1753 [4], sur l'établissement du courrier des Indes [5] (1764-1805),
sur le commerce de l'Espagne avec ses colonies durant la guerre
de l'Indépendance [6].

VIII

ARCHIVES DU CONSULAT DE CADIZ.

C'est à Cadiz que j'ai cherché les renseignements qui m'étaient
nécessaires pour étudier le commerce extérieur de l'Espagne après
la déclaration royale qui autorisa tous les Espagnols à trafiquer
librement avec l'Amérique (1778).

Cadiz perdit alors le monopole dont elle jouissait depuis l'administration d'Alberoni; son Consulat n'en resta pas moins l'un
des plus importants de la Péninsule; son port resta le principal
port d'attache du commerce américain.

[1] Est. 97, caj. 5, leg. 17 (1754).
[2] Est. 145, caj. 7, leg. 12 (11 novembre 1794).
[3] Est. 145, caj. 7, leg. 12 (8 juin 1805).
[4] Est. 153, caj. 4, leg. 2 et 3.
[5] Est. 146, caj. 1, leg. 11. et *ibid.* 146, caj. 4, leg. 4
[6] Est. 151, caj. 6, leg. 12.

Les archives du Consulat ont été pendant longtemps totalement négligées. Elles étaient, il y a quelques années, entassées dans le grenier de l'hospice, lorsque le zélé directeur de la Bibliothèque provinciale, D. Roman Garcia Aguado, offrit au ministre de *Fomento* de les ranger dans une salle disponible de sa bibliothèque. Ne recevant aucune réponse du ministre, il s'adressa au Conseil général de la province (*Diputacion*) et chercha à l'intéresser à la conservation de ce précieux dépôt. Le Conseil général accueillit favorablement la demande de M. Garcia Aguado, mais refusa toute subvention. Le bibliothécaire fit appel à la bonne volonté de ses aides et réussit à transporter petit à petit toute la collection dans deux petites salles basses de la Bibliothèque provinciale. Les archives du Consulat de Cadiz étaient désormais à l'abri des chances immédiates de destruction. Malheureusement les autorités locales, qui se sont montrées si peu soucieuses de les conserver, ne savent même pas respecter leur intégrité. De temps à autre, le Conseil général se fait remettre quelques pièces curieuses, et, une fois sorties, les pièces ne reparaissent plus. Il est vraiment étrange que, dans une ville aussi éclairée que Cadiz, on ne soit point encore arrivé à comprendre que des documents historiques ne sont pas des images, qu'il est tout à fait inutile de les envoyer au World fair de Chicago et qu'il faut les réserver pour les seuls travailleurs.

Les travailleurs sont du reste très rares. D. Roman m'a assuré que j'étais le premier à avoir pénétré dans ses archives depuis leur translation à la Bibliothèque provinciale. Avec une bonne grâce dont je ne puis lui être trop reconnaissant, il fit ouvrir les fenêtres, essuyer une table, apporter une chaise, et me communiqua l'inventaire sommaire qu'il a rédigé pour mettre sa responsabilité à couvert le jour où il s'est constitué gardien bénévole et désintéressé de cette grande collection. Je donne en appendice la copie de cet inventaire.

Les documents sont répartis en liasses, portant chacune un titre et un numéro d'ordre. Les liasses garnissent les planches de vingt-deux armoires qui occupent tout le tour de la petite salle et trois côtés de la grande. Tous les jours, de dix heures du matin à trois heures du soir, j'avais liberté pleine et entière dans ces deux pièces. Muni d'une échelle et d'un martinet, je choisissais parmi les liasses celles qui me semblaient les plus intéressantes, je les battais soigneusement, et je les dépouillais à loisir sous la surveillance d'un brave gardien. un peu étonné qu'on vînt de si loin déranger de leur sommeil toutes ces liasses poudreuses.

Cadiz était la plus importante place de commerce de l'Espagne. Elle ne comptait pas moins de 600 négociants [1] et de 8,534 étrangers [2]. Cadiz était port-franc, ce qui lui assurait un privilège important parmi les 256 ports d'Espagne [3].

Le Consulat de Cadiz, établi en 1547, avait hérité d'une bonne partie des attributions de la Chambre de commerce des Indes, dont l'Audience fut supprimée par décret du 18 juin 1790 [4]. C'était à la fois un tribunal, une Chambre de commerce et une banque. Il se composait en 1805 des sections suivantes : Junte directrice du port franc, Tribunal royal de commerce, Junte royale de commerce, Tribunal de conciliation, Commission de recouvrement des impôts perçus par le Consulat [5].

Les membres du Consulat étaient élus par les commerçants notables (*immatriculados*). Les droits des électeurs, les conditions d'éligibilité, la forme des élections étaient déterminés par ordonnances royales. Le Consulat, d'abord installé dans une maison de loyer, finit par avoir son hôtel. Différents droits sur les marchandises, sur les navires, sur les emplois dépendant du Consulat alimentaient son budget et lui rapportaient bon an. mal an, au début du XIXe siècle. 6 millions de réaux [6]. Tous ces revenus étaient perçus et administrés sous le contrôle du Consulat par des receveurs, trésoriers et agents de toute sorte, dont la réunion formait la *Contaduria* du Consulat. Le Consulat était en relations suivies avec l'Ayuntamiento qui le consultait en maintes circonstances pour tout ce qui avait trait à l'hygiène. à l'ordre public. à l'approvisionnement de la cité. Le Corps de ville avait recours à la générosité du Consulat pour ses écoles et pour ses fêtes. Le Consulat avait créé lui-même un enseignement commercial, contribuait aux grands travaux publics [7] et organisait les loteries. L'outillage com-

---

[1] *Archivo del Consulado de Cadiz. Notables*, leg. 1 (1805).

[2] *Archivo del Consulado de Cadiz. Notables*, leg. 78.

[3] *Archivo del Consulado de Cadiz. Notables*, leg. 83.

[4] *Archivo del Consulado de Cadiz. Notables*, leg. 83 (1793).

[5] *Guia de Cadiz*, p. 227.

[6] Canga Arguelles, *Diccionario de hacienda*, v° *Consulado*.

[7] Les travaux de réédification de la cathédrale durèrent de 1722 à 1790. Les continuelles demandes du clergé finirent par fatiguer les consuls. (*Archivo del Consulado. Junta del comercio*, leg. 69.)

mercial de Cadiz était entretenu et perfectionné par le Consulat. Il entretenait le fanal de Tarifa, construisait et réparait les quais, môles et magasins du Trocadéro, approfondissait le chenal, prenait avec la marine royale tous les arrangements nécessaires pour assurer le service dans la baie. Au Consulat appartenaient la surveillance des courtiers de commerce (*corredores*) et la police des portefaix (*palanquines*) et crocheteurs (*alhameles*) du port, et des déchargeurs de la douane (*descargadores*). Ces gens formaient trois corporations remuantes que le Consulat gouvernait avec une réelle humanité.

Le Consulat et la Junte royale du commerce étudiaient les réformes commerciales réclamées par les circonstances, recevaient et exécutaient les ordonnances royales, organisaient les convois pour les Indes, examinaient les réclamations des négociants intéressés dans ces convois, surveillaient les assurances maritimes, répartissaient les parts de prise, procédaient à la liquidation des faillites et des banqueroutes. Comme tribunal de commerce, le Consulat jugeait brièvement et sommairement « d'après la vérité et la bonne foi[1] » tous les plaids en matière commerciale, avec appel au Conseil des Indes ou au Conseil des finances.

Le consulat était considéré par le roi comme une véritable banque de prêt. Le roi ne se faisait aucun scrupule d'avoir recours à sa caisse et levait même sur les commerçants de lourds tributs. Au commencement du xixᵉ siècle, le Consulat de Cadiz était fort obéré et réduit à exécuter des virements qui désorganisaient son budget. « Quand le ciel tombe, tout tombe, disaient les administrateurs, allons aujourd'hui au plus pressé, demain est un autre jour qu'aujourd'hui[2]. »

Les documents provenant du Consulat permettent de constater un grand nombre d'abus. Les juges éternisaient les procès et ajournaient les réformes en disant : « Tant que les juges seront hommes, les choses iront ainsi[3]. » Les exactions des gens des douanes, leurs tracasseries et leurs friponneries faisaient regretter l'ordre qui régnait dans l'ancienne Chambre de commerce des Indes.

Les archives des corporations révèlent l'esprit de routine le plus

[1] *A la verdad sabida, y buena fé guardada.* Canga Arguelles, *Diccionario de hacienda*, vᵒ *Consulados*.
[2] Commission administrative du Consulat (27 novembre 1800).
[3] *Archivo del Consulado.*

étrange. Les courtiers de commerce refusent en 1770 d'admettre parmi eux un nègre affranchi, car il a été esclave, peut-être payen, « et l'on fait encore difficulté d'admettre que les arrière-petits-fils d'Éthiopiens, Indiens et autres gentils et infidèles puissent prétendre à des offices, honneurs et dignités[1] ». Il y avait doute sur la question de savoir si l'office de courtier de commerce était un office « vil et abject » ou « licite et honnête ». Le débat ne fut tranché en faveur des courtiers que par une cédule royale du 8 mars 1783. Les offices des courtiers avaient d'abord appartenu en pleine propriété à un *corredor-mayor* institué en 1573 par Philippe II, puis le roi les avait rachetés (1739), puis revendus (1744). En 1804, les offices de courtiers furent déclarés transmissibles[2].

Les corporations des porte-faix et des crocheteurs du port étaient en procès avec la corporation des déchargeurs des douanes, pour le payement de certains droits qu'ils prétendaient dus par les déchargeurs à leurs corporations respectives. Le procès dura longtemps, et les frais mis à la charge des porte-faix et des crocheteurs montèrent à 63,024 réseaux[3].

Pour la défense de ses intérêts le Consulat avait à Madrid des agents en cour qui ne craignaient pas d'acheter la faveur des gens puissants. On faisait des présents de chocolat, on donnait de l'argent. Il y a des exemples de sommes considérables remises à des personnages influents « qui s'étaient occupés des affaires du Consulat au Conseil des Indes[4]. »

Le commerce se ressentait de la routine et de l'inertie générale. La traite des nègres, qui aurait pu donner de si beaux bénéfices, était aux mains des Anglais; une compagnie espagnole dite *de Jésus*, qui faisait le commerce des noirs avec Cuba, s'était éteinte en 1762. Les compagnies d'assurances ne faisaient pas mieux leurs affaires[5]. Les guerres du règne de Charles IV, les dépenses folles qu'elles entraînèrent, la suspension des relations avec l'Amérique amenèrent la place de Cadiz à une ruine à peu près complète[6].

[1] *Notables*, leg. 82.
[2] *Notables*, leg. 83.
[3] *Palanquinado*, leg. 105.
[4] 45,000 réaux en 1766. *Notables*, leg. 78, pièce 1.
[5] *Notables*, leg. 78, pièce 10 (1803).
[6] *Administracion*, leg. 1. Plaintes du commerce de Cadiz contre l'administration de Godoy (novembre 1808).

IX

ARCHIVES DU CONSULAT FRANÇAIS DE CADIZ.

L'extrême obligeance de M. Danloux, consul de France à Cadiz, m'a permis de contrôler de la manière la plus intéressante les renseignements officiels fournis par les archives du Consulat espagnol.

Le consulat de France à Cadiz possède de très curieuses archives qui ont malheureusement souffert des déménagements répétés auxquels sont exposés nos consuls. Il est très difficile de se bien loger à Cadiz ; la ville a peine à contenir sa population dans son étroite enceinte. Les maisons ne pouvant s'étendre en largeur ont monté vers le ciel comme pour aspirer l'air. Elles sont divisées en appartements dont toutes les fenêtres intérieures donnent sur de petits patios étroits et profonds comme des puits. A chaque étage un balcon fait le tour du patio, et toute la journée s'échangent du haut en bas de la maison les appels, les colloques, les interpellations des enfants, des domestiques et des maîtres. Pour se soustraire à cette vie commune, parfois gênante pour un étranger, M. Danloux a loué toute une maison et a pu mettre un certain ordre dans ses archives ; mais ses prédécesseurs, moins largement installés, empilaient registres et liasses dans une pièce obscure ; ses successeurs seront peut-être obligés de faire de même. Il serait à désirer que le gouvernement français se décidât à acheter un hôtel particulier pour son consul.

M. Danloux a gracieusement mis à ma disposition les documents dont il est dépositaire, et, quoique pressé par le temps, j'ai pu recueillir bon nombre de détails inédits qui jettent un jour des plus clairs sur la vie commerciale à Cadiz à la fin du xviiiᵉ siècle.

La France prenait alors une part considérable au mouvement du commerce gaditan. Il y avait à Cadiz en 1772 soixante-dix-neuf maisons françaises de gros [1]. La « nation française » formait

---

[1] Ils s'estimèrent eux-mêmes leurs bénéfices à 150,000 piastres par an. La junte de la contribution unique les estima à 230,000 piastres (Arch. du cons. de France, R. N. LII, 4 sept. 1772). En 1790, deux cent vingt-sept négociants français de Cadiz souscrivirent pour 83.650 livres de dons patriotiques pour la France (Ibid., R. N. XLVIII).

une importante colonie de plus de 2,700 personnes. Les Français avaient une chapelle à eux (*chapelle Saint-Louis*) dans l'église paroissiale de Saint-François.

Ils cherchaient à se faire pardonner leur qualité d'étrangers par la correction de leur attitude. Ils prenaient part à tous les actes de la vie publique auxquels ils étaient conviés par l'Ayuntamiento [1]. Ils se montraient patients et charitables. Malgré leurs efforts ils restaient impopulaires. Le patriotisme espagnol est exclusif et farouche, et la rivalité commerciale n'était pas faite pour adoucir ces sentiments. Les Français avaient à se plaindre de nombreuses vexations. Les lois espagnoles défendaient l'importation du tabac rapé, des cotonnades et des toiles peintes. Sur un simple soupçon de fraude, les agents des douanes visitaient la maison du commerçant soupçonné et, s'ils y trouvaient quelque marchandise suspecte. ils emprisonnaient le propriétaire et saisissaient ses biens. Les affaires du malheureux commerçant restaient suspendues pendant toute la durée de l'instance, toujours fort longue et si coûteuse que les frais montaient beaucoup plus haut que l'objet principal [2].

Un Français accusé d'un pareil délit tenta de faire juger son procès par les tribunaux militaires, moins suspects de partialité. Les deux meilleurs avocats de Cadiz l'en dissaduèrent en lui faisant entendre qu'il ne trouverait pas un seul homme de loi assez osé pour recevoir les déclarations des témoins à décharge [3].

Ce n'était point que les agents des douanes fussent incorruptibles, les documents du Consulat espagnol nous l'apprennent : « Les douaniers allaient relancer les négociants jusque chez eux pour leur offrir de leur faire passer en toute sécurité des marchandises anglaises ou prohibées » [4].

On citait des maisons qui avaient fraudé le Trésor de plus de 20,000 réaux sur un seul chargement.

L'or et l'argent exportés d'Espagne payaient un droit de

[1] R. N., XLVIII, 18 fév. 1788, Assemblées du 16 janvier 1726 et du 4 janvier 1727.

[2] R. N. LII, Lettre des négociants français au marquis d'Ossun (13 juin 1777).

[3] R. N. LII, Lettre des négociants français à M. Boyetet à Madrid (décembre 1778).

[4] *Arch. del Consulado*, Administracion, leg. 1 (1782).

4 p. 100. Des Espagnols l'embarquaient en fraude, et les capitaines marchands leur en donnaient reçu comme d'une marchandise ordinaire. Quelques jours plus tard, les reçus se négociaient publiquement à 1, 2 ou 2 1/2 p. 100 de bénéfice [1].

Mais l'étranger restait exposé à mille injustices et mille avanies [2]. Jusqu'en 1772, les négociants français avaient été admis à faire le commerce avec l'Amérique sous le nom d'un négociant espagnol immatriculé à Cadiz; à dater de cette année, il n'y eut sorte de tracasseries qu'on ne leur fît subir. Les prête-nom espagnols se refusaient à remplir les conditions du contrat; des dénonciateurs traduisaient les Français en justice ou leur extorquaient de l'argent par la menace d'un procès [3]. Les ménagements que la France se croyait obligée d'avoir pour l'Espagne, son alliée, tournaient encore à son désavantage : « De tous les étrangers les Anglais étaient ceux qui se trouvaient le moins exposés, parce que leur nation usait de peu de ménagement avec la cour de Madrid. Il en résultait que les administrateurs et les bureaux de justice craignaient plus de leur manquer et étaient plus circonspects à leur égard [4]. »

Les violences de la Convention et les représailles de l'Espagne en 1793 achevèrent de ruiner le commerce français à Cadiz, mais il ne paraît pas que le commerce espagnol ait beaucoup gagné à la suppression de la concurrence française.

Tels sont les résultats de mes deux voyages en Espagne en 1890 et 1894. Ils m'ont confirmé dans la pensée que l'Espagne est pour le chercheur une Terre Promise. Les documents abondent, les sujets d'études foisonnent, on n'a à craindre presque aucune rivalité, on est accueilli avec une simplicité cordiale qui rend les rapports sociaux extrêmement agréables, et il est fâcheux qu'on voie plus d'Anglais et d'Allemands que de Français dans les archives d'Espagne.

Si vous jugiez ce rapport digne d'être imprimé dans les

[1] R. N. LII (2 sept. 1788), Lettre au marquis d'Ossun (13 juin 1777).

[2] R. N. LII (2 sept. 1788), Lettre au duc de la Vauguyon, ambassadeur de France (2 septembre 1788); Lettre des mêmes au chevalier de l'Espinousse commandant les vaisseaux du roi dans la baie de Cadiz (18 février 1779).

[3] R. N. LII (2 sept. 1788), Lettre au marquis d'Ossun (2 juin 1772).

[4] R. N. LII, Lettre du 21 octobre 1777 à M. de Sartine.

Archives des Missions, je serais heureux d'avoir contribué à renseigner les travailleurs sur les ressources que présente ce grand pays inconnu et méconnu.

Veuillez agréer, Monsieur le Ministre, l'hommage de mes sentiments les plus respectueux,

G. DESDEVISES DU DEZERT.

Professeur d'histoire à la Faculté des lettres
de Clermont-Ferrand.

INDEX SOMMAIRE

DES ARCHIVES DU CONSULAT DE CADIZ.

ARMOIRES.	TABLETTES.	LIASSES.	TITRES.
I	1–3	33 liasses.	Derecho de almecenage.
I	3–6	38 liasses et 13 volumes.	Subsidio industrial y de comercio.
I–II	6 (I)–1 (II)	86 liasses.	Derecho de medio y uno por ciento del consulado.
II	4–8	50 liasses et 30 volumes.	Archivo del estinguido Colegio de corredores.
II–III	8 (II)–1 (III)	46 liasses et vol.	Escrituras de seguros de riesgos maritimos.
III	5–7	59 liasses numérotées de 94 a 152.	Real junta de comercio.
III–IV–V	7 (III)–3 (V)	Registres numérotés de 1 a 348. Certains numéros comprennent plusieurs volumes.	Libros del consulado, desde la R. cedula de creacion (1547) hasta la epoca mas reciente (1834).
V	3–7	91 volumes. 3 liasses.	Actas de la R. Junta de comercio.
V IV–VII	7 (V)–2 (VII)	Volumes numérotés de 1 a 48 et liasses numérotées de 50 a 182.	Subvenciones y prestamos.
VII	3–5	38 liasses.	Prestamos.
VII–VIII–IX	5 (VII)–8 (IX)	190 liasses.	Diversos ramos del consulado y R. Junta de comercio.
X	1–4	34 liasses.	Reales ordenes.
X–XI	5 (X)–9 XI	215 volumes et 59 liasses.	Puerto franco.
XII	1–2	10 liasses et 8 volumes.	Comision de armamentos y corsarios.
XII	3	7 liasses.	Asiento de negros (1672-1694).
XII	4–7		Legajos sueltos (1590-1747).
XII–XIII	8 XII–9 XIII	14 volumes. 99 liasses.	Ramo de lo contencioso procedente del R. Tribunal del Consulado, copias de privilegios, de juros, cesiones, pagos, documentos de los antiguos derechos de almojarifazgo de Indias, alcabalas y otros que estuvieron domiciliados en la ciudad de Sevilla, a cargo de la Caja de Contratacion y Universidad de mercaderes, autos de concurso etc... y autos del Tribunal, y correspondencia de los consulados, y los libros son pertenecientes a los mismos.

ARMOIRES.	TABLETTES.	LIASSES.	TITRES.
XIV–XV	1 (XIV)–6 (XV)	113 liasses.	Averias.
XV–XVI–XVII	7 (XV)–8 (XVII)	222 liasses.	Correspondancia general con el consulado.
XVIII	1–2	11 liasses.	Admision de maestros para la carrera de Indias.
XVIII	3–6	19 liasses.	Calificacion de embarcaciones para la carrera de Indias (1782-1813).
XVIII–XIX–XX	7 (XVIII) 2 (XX)	112 liasses.	Negociado de flotas.
XX–XXI–XXII	3 (XX)–4 (XXII)		Legajos, libros y papeles sin clasificar y pendientes de arreglo (1595-1793).
XXII	5–à la dernière.		Libros procedentes de la Contaduria de la R. Junta de comercio memorias impresas de varias corporaciones. Boletines oficiales. Guias de Cadiz de diferentes años, y otros documentos sin arreglar.

www.ingramcontent.com/pod-product-compliance
Lightning Source LLC
LaVergne TN
LVHW022359170726
843503LV00008B/3739